JN411216

황혼

불안

늦가을

붉은 가을

정지선(whitefo@naver.com)
한양대학교 영어영문학과 졸업 후 한양대학교 대학원에서 석사, 박사과정을 마친 뒤 현재는 용인대학교에서 강의하고 있으며, 한국번역학회 연구이사로 활동하고 있다.

붉은 가을

초판 발행일 2011년 11월 20일

지은이 정지선
발행인 이성모
발행처 도서출판 동인
주소 • 서울시 종로구 명륜동2가 237 아남주상복합아파트 118호
등록 • 제1-1599호
TEL (02) 765-7145 / **FAX** (02) 765-7165
E-mail dongin60@chol.com / **Homepage** donginbook.co.kr
ISBN 978-89-5506-487-2
정가 8,000원

붉은 가을

정지선 지음

도서출판 동인

이 책에 있는 모든 그림은 지은이 정지선의 작품입니다.

추천의 글

인생이라는 버거운 여정에 지친 현대인들을 위한 청량제 같은 시

한일동
한국번역학회 회장

내가 정 선생을 처음 만난 것은 2008년 가을 학기 대학원 박사과정 수업시간에서였다. 당시 나는 예이츠 문학을 강의하고 있었는데, 해맑은 얼굴에 뭔가를 동경하는 듯한 가젤의 눈을 하고 옅은 하늘색 옷을 입고 있던 정 선생의 모습을 잊을 수가 없다. 어찌 보면 에밀리 디킨슨 같기도 하고, 또 어찌 보면 버지니아 울프 아니면 엘리자베스 브라우닝 같기도 한 이 문학소녀를! 그 이후로 나는 같은 학문의 길을 걷는 동지이자 때로는 스승으로 정 선생을 자주 볼 기회가 있었다.

해를 거듭하면서 아직 많지 않은 인생을 살아온 정 선생의 가슴속에 어떻게든 표출하지 않고는 배겨낼 수 없는 감정의 응어리가 납덩어리처럼 무겁게 자리하고 있다는 것은 나에게 적지 않은 충격이었다. 아마도 그것은 이루지 못한 꿈, 가지 못한 길에 대한 미련, 억압된 자유, 세상에 대한 도전과 반항, 아니면 감수성 여린 소녀가 견뎌내기에는 너무나도 버거웠던 고독의 몸부림인지도 모른다.

남부러울 것 없는 유복한 가정에서 자라 행복한 가정을 꾸리고 있는 정 선생이 가끔 사석에서 고뇌의 절규를 토해낼 때면, 나는 그것이 정 선생 한 개인의 절규가 아니라 어쩌면 인생이라는 무거운 십자가를 짊어지고 외로운 나그네의 길을 걷고 있는 우리 모두의 절규인 듯 여겨졌다. 따라서 이러한 절규는 단지 절규로 그칠 것이 아니라, 시라는 장르를 통해 인생이라는 가슴앓이를 하고 있는 독자들과 함께 공유하는 것도 나름대로 의미가 있을 것 같아 정 선생에게 출판을 권했다.

이 시집에 수록된 정 선생의 시들은 그녀가 프롤로그에서 밝히고 있듯, 설익은 풋과일처럼 아직 채 정제되지 않은, 그러나 갈고 닦지 않은 금강석처럼 빛이 나는 순수하고 솔직한 감정의 표현들이다. 따라서 매너리즘에 식상한 현대인들에게는 어쩌면 이런 부류의 시가 청량제 역할을 할지도 모른다. 또한 한편 한편의 시에 농축되어 있는 감정의 응어리들을 체험하다보면 고단한 여정에 지친 우리 모두가 대리만족과 카타르시스를 느낄지도 모른다.

수록된 시들이 한낱 문학소녀가 심심풀이로 써본 낙서에 불과하다고 세상에 얼굴 드러내기를 두려워하는 정 선생을 극구 만류했다. 왜냐하면 탄생은 누구에게나 부끄럽고 두려운 것이며, 데미안처럼 알을 깨고 세상에 나오지 않을 경우, 껍데기 속에 갇혀 질식해버릴지도 모를 정 선생을 차마 곁에서 지켜볼 수가 없었기 때문이다. 따라서 개별 작품에 대한 독자들의 가혹한 평이 있다면 그것은 송두리째 나의 몫이다.

누구보다도 꿈이 크고 아직 가야할 길이 먼 정 선생이 이번 첫 시집의 출판을 계기로, 고뇌의 뒤안길에서 서성대던 인생의 제 1장을 마감하고, 보다 성숙된 모습으로 새로운 인생의 여정을 힘차게 내딛기를 바란다.

프롤로그

인생의 작은 조각들 안에 삶의 정수가 있다

책을 만들 기회가 오자 꿈같은 설렘과 함께, 바보같이 여린 내 영혼에 소름이 돋았다. 갑자기 어른이 된 아이처럼 불안해진 것이다.

혹여 이런 작업이 나에게 사치가 아닐까? 그러다가 다시 한 번 내 시들을 바라보니 참 부족하고 못생겼다. 그러나 다시 숨어버릴 수는 없었다. 더 어른이 되기 위한 과정이라고 생각하며 용기를 내본다.

아직 짧다면 짧은 내 인생동안의 좌절, 고통, 기쁨, 고독, 그리고 모든 순간들의 이 낙서들을 한데 묶어 만들어 놓으면, 먼 훗날 보다 성숙한 내가 되었을 때 귀한 추억과 아름다운 눈물이 될 것이다……

결국, 움츠러드는 못난 나에게 끊임없이 용기를 주신 한일동 교수님의 은혜로 마침내 책을 내기로 결정을 내렸다.

나는 잔잔하게 고여 있는 물과 같은 삶을 싫어한다.

그래서 늘 현실의 수염을 잡아당기며 사색하고 명상하고 정신을 괴롭힌다. 그렇게 까불어대는 것이 이제는 습관이 되어버려 모든 순간마다 진실이 두 눈에 어리기를 끝없이 갈구한다. 고뇌의 동굴에 고이는 물은 어둡고 거칠지만 더 투명할 수 있기 때문이다. 벼락이 치고 속이 울렁거리는 파도 속에서 나태한 인간의 영혼은 다시 깨어난다.

진실을 볼 수 있는 눈은 고통과 고독 속에서 더욱 공고해질 것이다. 또한, 이러한 인간의 건강한 고뇌는 인생의 굴곡에서 넘어질 때 다시 일어설 수 있는 힘을 준다. 밝고 따뜻하기만 한 뜰에서는 졸음만 올 뿐이다.

물론 문학 또한 양지가 아닌 음지에서 기생한다고 생각한다. 그렇게 피어나는 심지는 영원히 다시 태어난다.

그래서 예술가는 죽지 않는다……

내가 글을 쓸 때, 글을 통해 뭘 배우거나 자랑하고 싶은 적은 없었다. 단지 매 순간들의 느낌과 정신 상태를 기록해 두고 싶을 뿐이었다. 어릴 적부터 가슴속과 머릿속에 뭔가가 다가오면 바로 종이에 적거나 그림을 그렸다. 따라서 이 시집에 실린 시들은 종이가 없으면 아무데라도 정신없이 써 두었던 낙서들이고, 거의 퇴고도 하지 않은, 오랜 기간 동안의 내 솔직한 성찰들이다. 따라서 읽는 사람을 배려해 요즘 스타일에 맞춰 세련되고 아름답게 쓸 이유도 없었다.

그저 이 책을 손에 든 독자라면, 신기하고 기묘한 모든 인간과 이 세상의 사연들, 슬픔과 행복을 바라보는 마음속에 깨끗이 비워진 방 한 칸 생기기를 바란다.

황량하고 좁은 안경은 벗어던지고 울타리 없는 드넓은 상상을 부탁하고 싶다. 그리고 가능하다면…… 순간순간의 이 진솔한 기록들에서 오는 느낌에 한번쯤 불안에 떨기를……

태어나서 처음으로 내 낙서들을 책으로 꾸며보는 흥분을 맛보았다. 이는 두고두고 멋진 추억이 될 것이다. 못생긴 이들을 고이 묶어 내 품에서 떠나보낸 후, 앞으로 더욱 성숙되고 승화된 의식의 순수성으로 보다 담대하게 시를 써 나가고 싶다. 그래서 더욱 직선적인 사색으로 인간의 비밀을 어루만지며 배려하고 싶다.

나는 무엇인가? 생각해보니 조잘조잘하고 싶은 말은 많았지만, 그 말 전부 진정한 내가 아니었다.

나는 그저 강가에 잠시 피어난 물안개 한 조각일 뿐이다. 그저 열심히 살아보기 위해, 인생의 모든 순간들을 더욱 사랑해야겠다. 그 작은 조각들 안에 현실의 정수가 있으니……

인생의 여로에 정답은 없다. 지금 창가로 스며드는 청명한 가을 햇살이 아름답다는 것 말고는……

끝으로, 이 초라하고 작은 내 낙서들이 멋진 한권의

책이 되도록 격려와 용기를 주신 사랑하는 부모님과 가족, 친구, 선배님들 그리고 늘 과분한 은혜를 베풀어 주시는 한일동 교수님께 깊은 감사를 드린다.

2011년 10월 어느 창가, 커피 한잔과 함께- 지선

인간은 불안이다

고독은 인간의 질서이다

차례

갈대밭

바람이 세차게 부는

갈대밭 사이에

하늘을 보고

누워있다

촛불

어둠을 떨게 하는 물결
고난의 흐름 속에
꺼질 듯 말 듯
애처로운 붉은 한,
그 속을 태우는
마지막 발악은
시간을 잡고 서있다
너그러운 촛대를 원하며

계절

봄은 생명 속에 피어나고
향기로 발걸음을 유혹했다
연인들의 분홍빛이 꽃잎마다 흘렀다

여름은 열정 속에 타오르며
뜨거운 땀방울이 식어 내렸다
매미를 시한부로 만들었다

가을은 고독 속에 꿰뚫리고
사람의 허연 갈비뼈를 깎았다
풀숲에선 큰 불이 났다

겨울은 인내 속에 축적되고
눈꽃에 씨를 뿌렸다
언 마음마다 털옷을 입었다

앞으로 올 계절은
크게 자란 산 뒤에
숨어있는 예민한 아이처럼
변덕의 이름으로 메아리치고 있다

햇살

한 줄기 내리긋는 햇살은
나를 베어도 상처 하나 없고
보랏빛 들꽃 한 무더기 속
여린 가지를 스쳐도
흠집 하나 없고
새싹의 눈을 태우려 해도
눈이 멀지 않으며
바람에 몸서리쳐도
흩어지지 않으니……
바위에 꺾이는 그 모양
거품 같은 호흡에 주름치마 펴지듯
얌 전 히
가장 맑게 빛나는 직선
해가 고개를 떨구면
조용히 세상에 귀 기울이고
이 숲속을 강렬히 지켜보며
사랑하고 있구나……

뇌 I

불 위에 올려 진 뱀들이
인생의 원을 그려대며 괴로워한다.
스멀스멀 탄내가 올라온다
지구는 모든 이들의 욕심에
압사당해 익혀져가고
물컹한 미로들은 갑옷이 입혀져
숨을 쉬지 못하고
즐퍽즐퍽 걸어 다니니
그 속의 우주는 머리를 마구 흔들어
별을 쏟아 부으며
온몸으로 천재의 이름을 불러댄다
뜨거워 미치겠다고
"문을 열어달라고!"
재가 되어 사라지기 전에

고래의 잠자리

목에 뼈 몇 개 있어도 푹 꺾여 뒤를 보지 못하고
땡볕 더위에 물때가 목을 한 바퀴 감아 돌때
고래는 염주를 꽉 쥐었던 자국을 본다

믿음이 일렬로 줄을 지어 파란 바구니 옆을
지나가다 춤을 추다 쇠한 조각 꿇린 무릎 앞에
던져준다
미친 바다의 여신이 흥분하고
고래는 육지와 바다 사이에 끼여 버렸다

젊음은 육지에 있을 때 두고 와 검어진 얼굴
양말은 부어버린 지느러미에 끼어지질 않아
녹아내리고
더운 숨 한번 쉬려하면 다시 짓누르는 강철 수면
결국 하늘을 보지 못한 채 오늘도 잠자리를 편다
폐는 터지려해도 이 강아지 풀밭에 누워 웅크리면
다시 청년이 되는 꿈의 하늘거림

콘크리트 계단 중턱에 펼쳐진 고래의 축축한 잠자리
그 아래 향기는 미끄러운 짠 내와 텁텁한 더운 내
이끼 낀 무릎 뒤에는 접혀 있는 아름다운 날개

여우비가 내리면
춥고 아픈 고래들은 바다 속에서 고통과 비애로
꾸억 꾸억 울어댄다

서풍에게

나무 아래에는 새의 죽음이 존재하고
나무 위에는 하늘이 있으니
이곳은 사랑 할 수밖에 없는 고뇌의 장소
너의 그 웅장하고 절묘한 솜씨로
이곳에 긴 손을 뻗어
솟은 산을 떨게 한 후
나의 방해꾼인 그들을 펴내고
다이아몬드의 날쌘 투명함만 남기거라
한 낮 더위에 절어 있는 이곳은
죽음과 삶이 공존하는 버림받은 침대
나는 이곳에 태어나 자랐으니
내 눈에 비치는 모든 빛깔은 아름다워야 할 테지만
서쪽 어딘가에 네가 불어오고 있다는 희망에
지진과 절망으로 검어진 입술 끝이 떨리는구나

이 육체를 벗어나 새처럼 날리고 싶은
지겹고 지겨운 상상은 이제 그만 할 테니
자비로운 아버지가 되어 내게 불어와
텅 빈 자궁 속 물처럼 포근히 감싸고
그저 손아귀에 움켜쥔 채 내 속을 위로하기를……
이러한 나를 연약하다 비웃지 말고

강인한 내 영혼 그 곳을 구원해 주기를……
그럴 수 있다면 나는 누운 자세로 있지 않고
너를 맞이할 준비로 한발을 들고 목을 치켜들어
땅을 쿵쿵거리는 짐승처럼 하늘만을 바라보리라
너의 차디찬 코트 깃에 코를 묻고 눈을 감으리
너와 함께 언덕을 넘어……

어느 맑은 날

우리는 부서진 빛을 사냥한다
팔딱 팔딱 뛰는 검푸른 호수
의식불명 될 듯 맑은 하늘
슬며시 눈빛이 독수리로 변할 때
결코 고요하지 못할
꿈이 요동치는 소리

불현듯 찾아오는 어느 맑은 날

하얀 돌조각에 빛이 반사되면
지옥의 불길보다 뜨거운 표면에
발을 담그고 턱을 괴고
차디찬 손에는 종이냄새를 묻히며
시를 써내려간다

한 줄이 완성되는 찰나에
빛 한 모금이 벼락처럼
정신을 뚫어놓아도
마냥 즐겁기만 한 바보 같은 마음

훗날 비가오고
저 파란 하늘과 하얀 구름
시냇물에 떨어지면
그 곳에가 발 담궈 식혀내고
손에 묻은 종이냄새
또 다시 그리워지리

망각과 기억

눈을 뜨면 뇌리에 스치는 많은 산들
별자리처럼 이어지는 서투른 글쓰기
결코 독립될 수 없는 그 산의 이유들이 벌레처럼
내 몸을 돌아도 아직까지 머리가 멍하다
해가 뜰 때까지 검게 젖은 바닥에 주저앉아
기억들의 피로가 내 숲에 잠겨 하나 둘 지쳐나가네

인간의 행복은 기억, 더 한 다행은 망각
그 둘은 동료가 되어 끊임없이 가치를 추구하는데,
물에 빠진 소녀처럼 가녀린 두 팔 하늘로 들고
날지 못 하네
붉게 찢긴 입술 사이로 열정이 샘솟는 글쓰기,
기억이 내 혈관을 타고 얼음동굴을 거쳐
보호막을 만들고
망각이 시간을 타고 심장에서 집착을 떼어내
마침내 내란을 종결 시키네
그 후, 글쓰기의 빛은 젖은 바닥을 하얗게 말려주네

잃어버릴 것은 무엇이고, 잃어버린 것은 무엇인가
그들 모두 기다릴 필요도 없는 멋진 전율인 것을……

돌 많은 길

나는 기다리고 있었다
그 길에 서서
아직 설익은 파란사과 따먹으며,
나는 두려워하고 있었다
세월의 흔적이 밭고랑을 흘러
노을에 가 하루하루 닿을 때,
별도 따보지 못하고
달도 올려다보지 못하고
나는 고개를 숙였다
젊음이 주는 선물, 잿빛 돌
낮에는 뜨거워 데이고
밤에는 차가워 얼고
그 길 한가득 깔린 모진 돌들이
내 발바닥을 할퀴어도
더 이상은 기다리지 않으련다
먼 훗날,
내가 잠이 몰려와 견딜 수 없을 때
부끄럼 타지 않을 돌들
나는 그때서야
부드러운 나무 의자에 누워
창조의 그 길에

서슴없이 올랐었다 말하리
평생 잔잔한 항해 속에서
머릿속이 타는 것보다
마음의 굴에 허우적대는 것보다
피 흘리는 돌덩이 박히는 것이
나았다 말하리

죽음에게

왔구나,
오솔길 따라 굽은 등 추스르며
이리로 결국 와버렸구나
그러나 왜 그리 초라한
눈빛을 하고 있는가
산 자를 데리러 왔다면
담담해야 할 터……
아직 내 잎에 꽃이 피고
아직 내 뿌리가 적셔지지 않았건만,
어찌 하필 미완성된
이 목마른 가지의 고독을 좇아와
거기 그리 다소곳이 앉아있는가
산 사람의 운명이
흘러간 미묘한 빛이라면,
너는 빛나는 날개를 하고
축 쳐진 어깨로 기대어 있구나
네 피부는 빛깔이 없어
조그마한 네 몸 속 고여 있는
푸른 눈물까지 다 보이는구나

지금은 내 차례가 아니니
작은 쪽지 한 장 던지고 떠나라
내 뿌리가 물에 불고
줄기 위 변색된 동전냄새나면,
내 친히 너를 그리며
노을 지는 호숫가에
마른 몸뚱이 띄울 테니……

그때,
굽은 등피고 담담히
나와 함께 떠나다오

여인

달빛이 온화해지면
노란 전구 하나 품고
따스한 가슴 만들어
촉촉한 눈망울로
하늘 한번 보고
가녀린 목 줄기로
님의 평온을
기도하며 밤을 지샌다
정한수 한 사발
만삭인 달이 마신다

크리스탈의 침묵

마개를 따면 포도주가 콸콸콸
언 발은 고기 덩어리
물렁한 뇌가 전율을 느낄 때까지
금가는 소리가 시원히 들릴 때까지
소름끼치게 하여라

눈동자의 어설픈 슬픔을 무시하고
눈구멍에 그대의 위대한 손을 집어넣고
심장까지 내려가 나팔꽃이 구겨진
붉은 물건들을 바깥에 내놓아라
그것들도 숨을 쉬어야 하니

단지 껍데기 안에 물렁한 것이 아니다
아름다운 조각조각이 이어져
모서리마다 찬란한 빛에 반짝일 때
영혼은 깨어나며
그때서야 껍데기는 쓸모없어진다

숨기지 마라
외면하지 마라
사람의 심장 속에 박힌 채 태어난

창조의 시각은 아픈 것이 아니다
혈관마다 부딪히는 그 맑은 소리는
아름다운 섬광에 녹아내린다
침묵하지 마라
포도주가 흐르는 동안은……

눈물

숨막히는 희박한 공기 속에
내가 놓여져 버렸다.
명치끝에서 화산이 분출되었다.
결국 그 곳에서 무언가 다가왔다.
내 발로는 도무지 도달할 수 없는 그 곳
갑자기 뜨거운 벼락이 치더니,
내 속눈썹 사이에 가시를 박아 넣었다.
고드름에 찔린 듯 고통의 그 순간에
장님이 되어 온 세상을 더듬다가
아무도 내 손 잡아주지 못했다.
심장 아래에서 번뜩이는 지진이 갈라지더니,
목구멍이 탁! 막혀버렸다.

그때,
바로 그 순간……
한 방울이 흘러내렸다.

무덤 앞

바라보지마라
상상하지마라
동정하지마라

그 안에는
무지개를 덮은 아기가
양수에 절어
곧 탄생하려고
너보다 더 힘찬 노력을
하고 있을 터이니
세월보다 한심한
인간의 나태함이여

무덤 앞에선
고뇌하지마라

미소 짓는 시간

언제나 끝없는 교감이 이는 내면,
끝도 없고 시작 또한 없으니
도무지 그 딱딱한 부리를 알 수 없는 채로
쓴 미소 지으며
인파의 깃털들 사이를 질주한다
폭염 속 인생의 머리를 바라보며
동상 걸린 고뇌의 꼬리를 지켜보며

천둥 같은 장엄한 소리에
새벽 빗물이 스며들 때
오늘이 다 간 것을 알 수 있다
"시간이 얼어붙었으면 좋겠어……"

빛과 그림자처럼
내일 또한 내 옆에 붙어있는데,
한없이 서운한 오늘과
한없이 아득한 내일이
침몰되어버린 용기에 또 재를 뿌리고
나는 벌벌 떨며 그 위에 일어선다
한 손에는
시간이 없는 영원에 닿을 수 있는,

백만 년 전에도 승리하고야 마는
사랑을 높이 치켜들고……
다시 인파들 사이를 질주할 유목민에게……

불안 I

무심한 시계바늘은 12시를 넘긴다
'어제'는 인생의 살을 또 한 번 잔인하게
깎아내고, "흠……"
턱을 괴고, "흠……"
멀리서 웃고 있다
불빛은 검어진 거리에 패배한 채 엎드려있다
보랏빛 하늘에 쪼개진 달은 물 먹으며
하악― 하악― 늑대의 입김처럼 숨을 쉬고 있다
뇌 속 벌레들이 다시 우글거리기 시작하는 순간,
주름지고 나약한 존재성은 폭발할 기세로
푸른 눈이 되어 이 가슴을 노려보고 있다
이 시간
이 공간
육체들이 공중에 떠오른다
그리고 마구 뒤섞인다

붉은 가을

어느 추운 가을 날……
기찻길 가운데 놓여있는 여인의 초상화
아무리 손짓을 해도 내 말을 듣지 않고
고목처럼 검은 빛이 되어 가슴이 뚫려있다.
잿빛 눈은 뜨고 있으나
왼쪽에서 보아도 오른쪽에서 보아도 감은 것과 같고
퍼런 입술은 떨고 있으나 기다림의 침묵이며,
마른 볼에는 가냘픈 무지개가 칠해져 있다.
"한번만 내 말을 들어 주세요……"

하얀 번개가 치던 어느 날……
검은 저승사자의 나무망치 소리가
세 번 산을 울렸는데,
토막 난 빗으로 쓸어내렸던 머리칼과
투명한 기름이 산채로 흘러내려 윤기를 냈던
하얀 목덜미
안개꽃을 쥐어주지 않아도 아름다웠던 손가락이
쇠창살 사이로 햇빛을 받을 때에는
물방울처럼 고왔다.
작은 경적에도 놀라며 고개를 돌릴 때마다
쇠골 뼈 사이로 여인의 향기가 머물렀으며,

아무리 발바닥이 검어도 가지런한 발가락이
바다를 건너는 여신처럼 신비로웠다.

어제는……
무서운 번개와 빗줄기가 기찻길을 때렸는데,
아무런 죄가 없던 여인의 목에 따가운 줄이 감겼다.
지금은 아무리 손짓을 해도 나를 보지 않고
길다란 산 너머 노을만 바라보며 울고 있다.
이 비가 그치면……
배경이 검게 번져있는 여인의 초상화는
저 산 너머 붉은 가을로 부활할 것이다.

일탈

벗어나고 싶다
벗어나고 싶다
저 위험한 계단을 올라
피리하나 손에 들고-
인생은
안락의자가 아니다

고독의 심연

불안한 시작으로
한동안 뒤엉켜
푹신한 실타래와
굵고 얇은 사다리
매듭에 닿고
손바닥 위 목련이 피면
여린 육체를 감싸 안고
흰 빛깔로 고혹적인 목소리로
조용히 울려 퍼진다
아련한 고통이
내부세계에 나를 던져놓은 이후로

천국

장밋빛 색조가 서녘에 깔린 태양을 설탕처럼 녹일 때
캔버스 위에 여왕의 붓놀림과 같은 우아함이
넘쳐흐르고
달콤한 바닷물에 이 몸 하나 그대 몸 하나

오직 명상의 미로만이 따뜻한 나무계단에
드러누워 있으며
나른한 새의 날갯짓 소리
울적함은 있으나 음산함은 존재하지 않고
비가 주룩주룩 오는 날도 있으나
구름 잔뜩 낀 하늘이 엷은 무지개를 보듬고 있는
그 곳

그 어디에도 책망의 눈초리도 원망의 이기심도
뒤늦은 후회도 없는 관대함
머리칼에서는 떫은 사과 향
입술에서는 고소한 아몬드 향
팔 다리에 힘이 빠져나가도
작은 파도 거품이 발가락 사이로 하얀 거미줄 치는
그 곳

회전

눈은 크게 뜨여있고
이마는 달걀처럼 반들반들하며
머리칼은 푸석거리는 채 날리고
입은 추하게 벌어져
검은빛의 의심만 새어 나온다
어깨에는 결코 하얀 손이 올려져있지 않으며
벌렁거리는 심장은 마지못해
욕망과 그 더러운 기름으로 뛰고
회전하는 하늘의 맥박을 듣지 못하고 있다

"그래, 하늘은 회전한다!"

이 땅과 인간의 머리도 회전한다
먹구름 낀 그대의 그림자에서
도저히 벗어나지 못한 채
왼쪽 깃에 작은 돈을 단 회색양복에
그대는 몸을 쑤셔 넣고
걸음걸이 마다 번드르르한 속물을 떨구며
떨어지는 태양엔 관심도 없다
그대의 천한 술잔을 손에 움켜쥔 채
밤마다 앞사람을 경멸하며

불어오는 신성한 밤바람에
감히 구토를 내 뱉는다
동정을 원하는 그대는
근엄한 척 하는 그대는
허리에 낀 검은 벨트에 묶인 채
목적의 성실성을 거부하며
그 고결함을 낭떠러지에 매달았다
단지 허영을 부리는 망상자여
그대들만이 회전하지 못하며
그 치사한 붉은 파티는 그 불러오는 배는
다른 이들의 목소리를 파고들 자격이 없다
가끔은 좌절도 하는 그대 그 무리들은
흙 대신 대리석만을 밟으며
피에 뒤범벅된 채 증오의 장소에 살겠는가
끝없이 아름다운 회전을 하는 이 시대의 동맥은
그대들이 모르는 철학이니

"비우라!"

영원은 기회의 날개를 접지 않을 것이다
언제쯤이면 그대들의 눈꺼풀 속 가득한 힘이

부드러운 풀잎이 될까
우리 모두 싸늘한 땅 위에 누울 운명이니
어느 무덤 위 잠자리 한 마리
꼬리를 파르파르 떨며 그대들을 비웃는다

상처

무언가 부서지고 깨지는 소리가 듣고 싶을 때,
하얀 배회를 멈추고 팔에는 힘이 없는 채로
유리 화병 하나를 집어 던진다

손톱 아래로 타고 돌 것 같이
칼날 같은 쨍그랑 소리가 나면,
비아냥거렸던 먼지들이 낮게 흩어지며
무심한 편지 위로 자유로이 솟아오른다
그 조각들은 속 시원히 가슴에 박히고,
함께 빠져나간 반지를 주워
천천히 손가락에 다시 끼운다

낑낑대는 반지가 허락되면
마치 천국의 문이라도 열린 냥 허둥대지만,
멋진 새 가구가 들어와도
은빛 새 구두를 사 놓아도
이유 없이 종이를 갈기갈기 찢고 싶을 때
이유 없이 피아노를 부수고 싶을 때
진정 내가 원하는 것은 무엇인가
단지,
"외출이 하고 싶었을 뿐인데……"

반 고흐의 붓질 한번과 같은
차가운 바람결 하나에 젖고 싶었을 뿐,
마구 달려가
시린 냉장고 가슴 열어젖히고
잊었던 질긴 생명 침착하게 만든다

낯선 세계

해가 세상의 담을 넘으려하자,
속눈썹이 들려 갑자기 정면을 노려본다
엄숙한 이른 아침의 찬 공기
이 거대한 솜뭉치 같은 베란다를
잡아 삼킬 듯 올라온다
악마의 사촌 같은 지옥의 시계추 같은
얼굴 보이다 고개 숙이다 흐느적흐느적
때 묻은 얼굴로 올려다보는
어제 그 나무들

검은 찡그림 깔린 회색거리,
행복하지도 불행하지도 않아 보이는
뿔테안경 속에 눈썹이 무거운 사람들
보수중인 도로 옆을 껑충 거린다
낮은 바람에 낙엽 날리는 소리와 함께
흐물흐물 조용히 들려오는 도시의 괴상한 기계 소리
마치 외계의 오묘한 잠꼬대인 냥

갑 자 기

이 모든 우주들이 완벽한 적개심을 내비친다!

이 생이 꿈인지 현실인지도 모르게
이 손가락마저 낯선 물체로 보일만큼
“온몸이 쇠 조각인 프랑켄슈타인의 괴물이
지난 어둠 속에 쓸쓸히 서 있었지.”
노란 식탁 위 보랏빛 시계에
새벽에 쏟고 남은 빗방울 하나 떨어진다
해가 담을 넘었다

꽃길

꿈을 꾼다
꿈을 꾼다
쉴 새 없는 경고장,
"이번에 못타면
짓눌려 가야 할 걸"
"이번에 안타면
사막의 공중으로 떠야 할 걸"
검은 동굴 속
텁텁한 폭풍 소리
몰아친다. 숨막힌다.
"이번 역은 무슨 역인지 모릅니다"
갈 길 모르는 사람들
꿈을 꾼다

살덩이로 이미 끓어 넘친
뜨뜻한 은색나라
그 위 또 다른 살덩이 겹친다.
참 이상도 하지
아무리 데워져도
그 자리 겨울 손톱처럼
바싹 말라있으니

그 얼굴들 서로 마주보며,
무색한 눈동자 몇 번 깜빡이며,
꿈을 꾼다
꿈을 꾼다
파란 하늘 아래
흐드러진 개나리
시원한 돌멩이 주우며 걷는 꽃길

위대한 낙엽

등에 업은 햇빛이 가벼워지면
겁에 질려 도망치는 하나의 방랑,
아래로 아래로 솟구친다
멀면 멀수록 이리저리 나부끼는 그 여행,
환희에 가까운 오랜 금빛을 띠며
여기에도 저기에도 말라 누워있다

봄이었던 적이 언제였던지,
쓸쓸히 시 한 장 넘기는 소리처럼
바스락 밟힌다
탄생과 죽음은 결국 하나의 거름이 되니
푸른빛을 여윈 안쓰러운 세월이여……

슬프다 슬프다
한없이 끝도 없이 슬프다
바람도 하늘도 저 열매마저도
너를 보며 몰래 눈물짓는구나
냉혹한 이 세상에는 너의 대리모가 없으니,
탄생을 기약하기엔 너무 야윈 네 모습에……

이리도 빨리 뛰는 심장에

오만가지 파편 조각들 흩어진 머리에
슬픔을 업은 포근한 깃털이 내려앉으면,
연못 그 어귀에 가 앉아 있는 듯 희망으로
이리도 빨리 뛰는 심장이
"나는 집이 없어요……"
하늘을 날고 꿈을 꾸며 주춤거리다
결국 다시 땅 위로

무슨 사연이 그리 많아 길 잃은 나무가 되어
인간 항아리 곳곳을 떠도는지,
음악 선율 한줄기에 벌렁거리는 심장이라도
"나는 등뼈가 없어요……"
한없이 나약한 그 존재성에
결국 다시 그 자리로

꿈을 꾸라, 꿈을 꾸라,
이는 무슨 오로라의 저주인지
의무가 아닌, 그래도 꿈을 꿔야만 하는
사람의 의자, 그 위에 놓여진
안쓰럽게도 팔딱거리는 심장
그 위 머리칼들이 하나 둘 떨어지면

고뇌하는 심장위에 또 다시 고독한
사람의 나무

"나는 추워요……"
이리도 빨리 뛰는 물렁한 심장은
녹슨 담장 뾰족한 끝이 두렵다
석고가 발려 굳어질 그날이 두렵다
사람의 증오가 두렵다

자살절벽

높다 못해 하늘이 만져지는 찬 손길
발 하나 앞으로 내밀지 말라는
찬 공기의 속삭임 허공에 뿌려진 추락
그 견딜 수 없는 위협은
인간의 한보다 그리도 작아서
몸뚱이 하나 받쳐주지 못하고 내버렸나.

이 발밑에 찬 꽃잎들은 어찌 이리 영롱한지
칼바람에도 흔들흔들
과거의 기쁨도 고통도
결국 한 덩이 진흙으로 으깨어져
이 작은 빛깔들의 먹이가 되었구나.

연하고 연한 뼈마디
한참 후에 부스러져
그 무슨 이름으로 바위에 물들었는지
침몰하는 좁은 눈길
한참 후에 멈추어
그 어떤 바다가 마지막이었는지

나, 고요한 하늘 속 이 나라에
파란 입술로 박차고 나가려는
너와 닮은 이 몸 붙잡고
주머니엔 가련한 목숨 찔러 넣고 서있네.
내 영혼 또한 같은 길이며
끝은 인간이 만들었다지만
그래도 우리는 진정 같은 인간이었단 말인가
"미안하다, 미안하다……"
너의 곡을 듣지 못해 미안하다.

혼자 하는 여행

파도가 저 아래에서 마구 쳐대고 있어……
그래도 음악이 없으면
알 수 없는 푸른 공포가 밀려 올 꺼야

폭신한 베개로 등껍질을 포근히 해도
명상에 굶주린 배는 끝없이 고플 테고
제 정신으로 살기가 얼마나 힘들었던지,
여기가 어디인지 정신을 찢으려 하지 말아야
얄미운 석양이 저 창가에 물들 거야……

침대 앞 거울에는 목적 없는 그리움도 모른 채
갑자기 어지러운 눈빛 두 개,
주인 없는 바다처럼 내 주인도 이 세상이 아니지
이곳에는 텅 빈 기쁨도 욕망도 없어
새벽이슬을 이겨낸 벽돌집처럼……

배가 터질 듯 부르면 좁은 내 발자욱들
하얀 치마 끝에 날리며 잔파도에 지워져
흔들거림을 감쪽같이 삼켜주지
발자욱 하나 생명하나
또 지워져,

또 지워져,
내가 모르는 신의 미소 앞에 무릎 꿇은 채
잠시 뒤 돌아보며 모진 세상에게 말해 봐

"나를 오해하지 말아요……"

젖은 모래 위에 원을 그리며 은밀한 꿈을 꾼다
그러면 소설 같은 미래의 발자욱만 보이게 되지……

해와 나

연기를 가득 뿜어대는 기차가 지나간 후
눈을 뜰 때마다 보이네
무엇을 그리 바삐 종결지으려
시큼한 살구 모양을 하고
새근새근 졸며 넘어 가는가
지 아무리 뜨겁다 해도 붉다 해도
여기 달 밝은 축대에 잡힐 듯 잘 보이는데

무엇이 희미한 새벽 망막을 일으키고
이 하찮은 존재 하나를 깨우는가
무엇이 나를 우주와 연결되게 하여
이 별 하나에 떨구어
오늘도 배를 실룩 거리며 숨을 몰아쉬게 했는가

둥근 저 노래가 또 떠오르네
이 심장과 피를 마구 섞어 산꼭대기에 올라
은쟁반 하나로 너를 가려보려 하네
너는 비밀을 노래하며 계속 계속
찡그린 나를 귀찮아하네
풀린 바이올린 줄처럼 너울너울
네가 비추어 인간은 태어났고
네가 없어지면 사라질 아픈 아이라네

마음을 거부하는 이성

얼음 나라의 가장자리에 내던져져도
뜨거워지는 인간의 사랑스런 욕망,
그러나 유리알 속에 숨 막히는 이성은
시간이 흐를수록 딱딱해지고 두터워져,
하늘 높은 줄 모르고 땅 깊은 줄 모르고,
제멋대로 자만하지.
곡선을 모르고 오직 직선으로 뻗친 거미줄,
그 형상은 빙글빙글 수없이 꺾이어
고개를 숙이는가 하면 다시 쳐들어 대곤 해.

영광이라는 이름에 박힌 무수한 별자리들,
하지만 이성이 마음을 거부할 때
피에 젖은 종이 위에 쓴 시의 모양이며,
지팡이를 잃고 어둠 속에 내몰린 마음은
그 욕망마저 잃어버리고 마른가시에 내쫓겨
하루하루 북극에서 떨고 있지.
타고난 그 아름다움을 잃고
인간 세상 부딪친 상처마다 이성에게 포장되어
냄새나게 드세진 자아에게 거부당하네.
그 후,
괴물이 그 냄새를 입고 깨어나네.

비 내리는 오후

납빛 하늘에
하얀 구름이 자꾸만 뒤를 돌아보더니
빗방울들이 한결같이 자살을 한다
마음의 종소리들
더 깊은 호흡을 원하며
창문에 파랑새 미끄러지는 소리 들린다
비 내리는 오후

하루의 끝

기적 ————— 그 후
사람들은
이불을 쓰고
편히 날개를 쉬며
벌레소리 들으며
자신들의 내부에서 들려오는 목소리에
귀 기울인다
울타리도 없는 해방이
달빛을 바라본다

물 한모금의 평화

찡그린 해가 창문을 흔들 때
물 한 모금 후,
그저 뒤돌아보지도 않고
멈칫 하지도 않고
가는 시간 가는 세월
목마름은 오고 또 오고 또 온다
아직 젊은 이 살갗에도 이리 슬픈데
그냥 토끼처럼 이리 저리 살다
검은 굴곡 깊게 패인 쇠골 뼈 사이로
흰머리 떨어지면
도대체 얼만큼 서러울 것인가

노을에 배불러 온 달빛에
물 한모금 후,
눈에 보이게 내리쬐는 봄 볕 보다
산기슭 소나무 뿌리 아래로 들어오는 빛이
흙냄새를 더욱 진하게 하니
나는 그러한 의미가 되어
결의에 찬 매일을 살고자 하는 소원하나
스스로 지켜내지 못하는 이 존재
한없이 나약하구나

물 한모금에 주위가 아름다워 보이듯,
또는 어느 책 한권을 읽고 자살하듯,
인생은 냉담한 홀로서기인 것을……

한번만 허락해준다면

어미 새를 기다리며
노란 부리 벌리고
짹짹거리는 어린 새처럼
기다려도 기다려도
희망이 보이지 않을 때,
차라리
나약하고 여윈 몸짓보다
이 나무에 영혼이 되어
가을날 바람에 날리는
고뇌의 빛깔
그 몸짓과 닮고 싶다
저 아래로 아래로
평화의 호수 위로
그저, 그 우아한 고독을
한번만 허락해준다면

백조는 물속에서 숨을 쉬지 않는다

거친 폭풍 소리가 밀려나온다
하얀 목줄기 털들이 떨린다
시퍼런 물 냄새와 함께
짙은 안개가 순식간에 빨려 들어간다
뼈마디가 부풀려진다
모세혈관도 팔딱거린다

갑자기 피가 아래로 쏟아진다
숨구멍이 탁 막힌다
작고 노란 눈동자가
다른 세상을 마구 노려본다
죽음의 물결이 요동친다
더욱 거칠어진 폭풍소리가
비릿하게 뿜어져 나온다
피가 다시 제자리로 쏟아진다
하얀 목줄기가 불룩하다
날갯죽지 안으로 전율이 온다
물갈퀴가 수축된다
작은 생명 하나
미끄러운 운명의 문을 통과한다
뜨거운 세상에 놓여진다

다시 목줄기가 평온하다

하얀 안개 깔린 잔잔한 호수,
우아한 백조 한 마리 떠있다

쉬지 않는 바람

그에게는, 뼈도 없고 살도 없어 눈썹 또한 없다
베개를 베지 않아도 꿈을 꾸고
겨울 세상이 검어지면 정글 속에서 고뇌한다
바퀴가 없어도 달리고 날개가 없어도
눈송이보다 가벼워
기차역에서 쉬지도 않는다
아이가 손가락을 치켜들면 입에 물고 원을 그리며
동이 트면 서둘러 내려와 무덤도 숨 쉬게 한다
터미널에 서있는 죽은 은빛 쓰레기통
끄윽끄윽 흔들고
봉숭아 껍질 톡! 터지는 소리조차 외면하지 않고
한 알의 생명에 살금살금 입김 불어주고
숲에 가면 아파한다
그 생명에, 죽음에 흐느낀다
동물들은 그 흐느낌을 따라간다
우수수수 ——
그의 떨리는 북소리를 따라간다

나의 사람에게

후회합니다.
내 가슴 작은 멍으로 인해
그대 가슴 저릴 때 어루만지지 못했던 나,
후회합니다.
내 작은 어깨 무너질까
그대 외로울 때 기대어 쉬게 하지 못했던 나,
후회합니다.
내 좁은 마음 다칠까
그대 깊은 눈빛 이해하지 못했던 나,

하지만 영원합니다.
내 안의 바보스러움이
우리 가슴 속 그 꽃 지게 할 수 없음을
어둠 속에 내 눈동자 보랏빛에 물들면
함께 노을을 바라봐주는 그대여,
참 좋은 사람 그대여,
알고 있나요
나 그대와 함께함에
한 번도 후회한 적 없음을,
나 그대의 품 안에서
진정 사랑의 진실을 깨닫고 있음을……

이 생명 다 하는 그날까지
코스모스 피는 9월의 들을
그대와 거닐고 싶음을……

비몽사몽

인생은 비몽사몽이다.
어떨 때는 도마뱀의 눈처럼 날쌔 보이지만
어떨 때는 이러하다.

새벽에는 몽유병이 테라스에 나와서
못 피우는 담배를 피우고,
아침에는 구멍 난 양말이 잔디밭 가장자리에
외로이 선다.
낮에는 다락방에 갇혀 친구를 외면하고
의기양양한 아이가 되며,
저녁에는 마비된 발가락으로
배로 돌아온다.
그 배는 파도를 타고 달린다.
빠른 물살일수록 마비는 빨리 풀어지고
느린 물살일수록 고뇌는 굳은살로
발가락에 붙는다.
밤이 되면 각자의 헐벗은 판자에 누워
빠른 물살이 되는 꿈을 꾼다.

꾸역꾸역 그러다보면,
어느덧 우유처럼 하얀 콧수염이 돼버린다.

그리고
인생은 모순 투성이였다며
겁쟁이가 될까 두려움에 떤다.
인생은 꿈으로 엮어진 검은 진주목걸이였다.
인생은 환희의 연못에 어슴푸레 떠있는
회색빛 초라한 비몽사몽이었다.

냄새

비가 온 후 늦은 저녁,
넘실대는 달빛이 꼬리를 물면
슬금슬금 발가락을 내미는 별빛
기도하는 늙은이보다도 숭고한
조용한 연필이 움직여질 때
방안에서 창문 밖을 보는 의식은
작년 초여름 바닷가에서
차가운 모래알 묻은 타월냄새 그리워하네
그리고 의식은 또 흘러가네

늙은 별

일기 쓰는 밤
투명한 창문에 뭐가 아른거려
두 손가락으로
열어보니,
늙은 별을 닮은
가로등
누렇게 떠있다
과거를 빛바래준다

목구멍까지

바다가 밀려온다
마구
이 목구멍 까지 올 것 같아
삼키고 싶다
다 삼키고 싶다
이 모든 것
바다에 맡기고 싶다
얇은 팔을 벌린다
작은 입을 벌린다
천천히
영혼까지 벌린다

다리부터 떠오른다
떠오른다
떠오른다
터질듯하다

과거

권력보다도 우스운 과거
거만함으로 가득 차 비난의 명수인 과거
자신감의 폐기에 톱을 들이대는 과거
용서라는 양의 목에 밧줄을 묶는 과거
너의 어부는 오늘도 미래라는 물고기에 그물을 친다
하지만 그 그물을 끊어먹으려
아득히 먼 시간에서도 순식간에 달려들어
시퍼런 이빨을 내보이는 것이 과거이다

연약한 인간아

나는 특별하다
주문을 외워도
기다리지 않는 시간

나는 무엇인가
맥없이 흐르는 은행잎처럼
이렇게 적당히
세상에 중독되어
한없는 자책도 소용없는
어색한 세월

너의 심장은 찬란히 빛나지만
한순간 후를 알지 못해
가여운 인간아

곱창 한 판 올려놓고
쓸쓸히 고개 숙인
너를 어찌할까
스스로 낸 상처
스스로 치유하는
인간의 고독한 소리가

불판 위에 익어간다
눈만 껌뻑거리는
연약한 우리 얼굴아

어둠이 짙어지면
별빛 하나 없던 높은 곳
인생 하나 외로이 깨지는 소리에
치솟은 검은 아스팔트 위
사람 도장 하얀 스프레이로
차갑게 칠해 진다
시린 옆구리 움켜쥐고
눈만 껌뻑거리는
연약한 우리 운명아

홀로 떠있는 섬, 아버지

화창한 어느 날 풀밭,
하늘색 원피스에 입가엔 아이스크림 잔뜩 묻은 채
두 팔을 들고 서있었다.
저 앞에는 나를 가장 사랑해 주는
어깨가 넓은 한 남자의 눈빛이
사진기를 들고 웃고 있다.
그 조금 떨어져있는 거리에도 나는 그가 그리워
조그마한 두 손 하늘로 뻗고 바동거렸다.

"우리 딸은 이때가 제일 예뻤어."
지금 그는 화창했던 그날의 사진을 보며 웃고 있다.
그 꼬마는 지금도 그의 곁에 있지만,
마치 수만리 떨어진 바다에 떠있는 작은 섬처럼
그의 뒷모습만 바라본다.

이 세상에서 가장 존경스럽지만
이 세상에서 가장 안쓰럽고 애처로운
나만의 어깨가 넓은 한 남자,
이 바다에 외로운 섬, 그 이름
아버지……
한때는 그대의 사랑이 많이 어렵고 무서웠었죠.

그리고 나는 이 모진 세상에
하나의 존재가 되어 길을 걸어 왔죠.
그러나 이제는 말하고 싶어요.
나는 그대의 넓은 가슴 안에서
철없이 뛰놀던 어린 시절이 그리워요.
말 흉내를 내며 목마를 태워주던
그 넓은 등이 그리워요.
아이스크림 손에 들고 풀밭에 서있던
내 눈에 비친 그대 모습이 그리워요.

이 세상에서 가장 존경스럽지만
이 세상에서 가장 마음여린 내 아버지,
미운 세월에 그대 넓은 어깨 좁아지면
내가 큰 파도가 되어 꼭 안아줄께요.
그리고 세월이 더 많이 흐르면
절대 그대 두 손 놓지않을께요.
사랑하고 사랑합니다
내 아버지……

어둠의 진통

거친 어둠은
말발굽 소리를 내며
넘어진다

혹시 나를 기억할지 몰라
다시 찾아온 또 다른 나
노크를 할 것이다
똑. 똑. 똑.
"좌절을 알아야 해가 뜨는 거야"

이젠 서랍 속으로
숨지 않겠다
머리 하나도 안 들어가는 작은 서랍
차라리 사지 쭉 피고
달빛이나 받을 것을

똑! 똑! 똑!
말울음 소리가 멈췄다
어둠이 내 문 앞에 서있다
달나라에서 온 신사처럼

문을 열어야 한다!
금빛의 차가운 문고리에
손이 얼 것 같다
가만히 문고리가 돌아간다

인생 조각

정의와는 거리가 먼 곳,
한 평범한 날의 그 한순간
전통이 희미해지고 현재의 노예도 아닌
미래를 알리는 나팔도 아닌
한 평범한 날의 의식을 감싸는 그 한순간

신호등이나 사전, 형광등과는 거리가 먼
날쌘 유리조각에 찔리는 소리와 같이
광활한 언덕을 대머리로 만들듯한
빛줄기와 같이 지난 세기의 소중한 상처들

인생의 조각들은 균일하게 늘어선 마차가 아니다
작품 탄생 전, 천사의 날개처럼 날리는
톱밥들의 광채
어느 평범한 날의 반투명 봉투들이다

김밥의 운명

김밥 마는 아주머니
사람 시체 염하듯
검은 옷 입히고
둥근 나무 관속에
허연 살 정성스레 말아
몸통에 붓 칠한다.
그 기름지고 퉁거운 손에
하루 종일 한줄 한줄
빨리도 이 세상 하직하고
재 가루로 부서진다.

초상

꽃이 지는 소리는
살아 있었음의 의미를 말하고
해가 지는 소리는
높은 곳의 외로움을 말한다

죽음의 소리는
그 초상 위의 요람을 말한다
아직 젖지 않은 화선지의 여백과 같은
하얗게 마른 얼굴은
촉촉이 젖은 검은 생명을 말한다

아직 젖지 않은 것인가
이미 죽어 마른 것인가

사는 이유

누군가,
험한 운명의 공사장에
왜 사느냐고 물으면
이렇게 대답하겠다

이 눈에 아직은 빛이 있어
풀잎하나에 사색할 수 있으며
이 몸에 아직은 손이 있어
우주의 흙터를 만질 수 있고
이 몸에 아직은 발이 있어
만물의 진동을 느낄 수 있으며
이 몸에 아직은 호흡이 있어
아름다운 세상의 산소를 마실 수 있다

끝으로,
이 몸에 아직은 심장이 있어
발그레한 설렘으로 화산처럼 박동 할 수 있으며
그 안에 꽃봉오리처럼 자리 잡은 마음이란 것의
신성한 변덕에 지루하지 않다
사람은 근육의 변화를 지켜보는 것이 아니라
마음의 길을 지켜보는 것이니……
이만하면 살 이유는 충분하지 않은가

돌의 평화

마음속 계단이 있어
아무리 내려가도 끝없고,
어느 동굴 속
그 이름 있는지
알 수도 없어라

탄생을 선택한적 없기에,
육체의 굴곡마다
업혀있는 억압은
귀가 안 들리고
눈이 안 보이는 소녀보다
더 진한 어둠이어라

어느 날,
연필심처럼 푸른빛 도는
파리의 눈에 비친 돌 하나
"가끔은 돌이 되고 싶어……"

그 이름은 미동도 않는
거대한 평화여라
그 이름은,

신비가 부르는 당당함
조바심이 가질 부러움이니

슬픈 저울 한쪽에 앉아
한쪽 다리 덜덜 떨며
퀭한 눈으로 입술만 쥐어뜯는
사람보다

무서운 구슬

수 세기 동안
보이지 않는 사람의 진실은
푸른 구슬이 되어 진흙탕에 파묻히고
벌건 눈알에 핏발을 세우는 사람들
그림자에 두텁게 가려져 홀로 하혈한다.
어떤 자격으로 얕은 사람이
사람의 가슴 깊은 곳 생명을 죽이는지
이 순간도 푸른 구슬은
피로 얼룩진 지하 철창 안에 머무르며
살갗만 쥐어뜯다가
시체로 만들어진 외로운 괴물로 변해간다.
남의 가슴속을 훤히 들여다보는 것처럼
그 오만함과 어리석음과 위선에
푸른 구슬은 힘없이 떨어져 밟힌다.
어쩔 도리 없이 모세혈관에 둘러싸인 채
연한 육신으로 이 땅에 붙어있는 사람들 중
남의 진실을 아는 것처럼 외쳐대는
기름진 목청과 허물어진 눈빛
오만하고 우스운 그들은
영원히 곁에 있는 벗의 진실조차 모르면서
세상의 이치를 아는 것처럼 으시대며

푸른 구슬의 머리에 못을 박는다.
사람에게 고뇌의 질문 한번 해 본적 없는 채
함부로 평가하고 썩은 양파 껍데기로
냄새를 풍기며 이 숲속을 더럽힌다.
그들의 모든 장기에 구더기가 우글거리며
목구멍이 부패할 때마저도
푸른 구슬의 향을 알지 못한다.
오늘도 그 어딘가에
사람의 보이지 않는 눈물을
사람이 외면한다.
어떤 이들은 이리저리 굴리며
갖고 놀기까지 한다.
역사 속으로 가슴속 절규들은 그대로 사라진다.
지하에 뼈만 남은 외로운 괴물들로
세상은 갈수록 피 범벅 된 치마를 날리며
조금씩
조금씩
말라간다.

풍선의 종말

가식과 편견, 오기로 가득 찬 풍선은
갈수록 부풀어만 가고
진실과 사랑으로 가득 찬 풍선은
갈수록 공기가 빠져나가
이제는 하늘에 띄울 수도 없다
땅은 이리도 하얀데
검고 커다란 풍선만이 하늘 가득 떠다닌다

어느 겨울 날,
나뭇가지 뚝 부러지는 소리와 함께
모두 사라져 버릴 것만 같다
전설이 될 우거진 숲이 둘로 갈라지며,
흰 나무들은 제 몸뚱이의 피로 눈물을 흘리며
말할 것만 같다
"시간이 됐어요!"
"시간이 됐어요!"

거울의 시선

자신의 존재만 제외하고
세상을 보는 시선

계절을 반사하며
바람에 물들고
해의 손길에
간지럼 타고
노을의 이기심에
상처입고
아침의 성급한 접근에
메마른다

얇은 잎사귀 같은
여인은 의자에 앉아
바라본다.
"나를 웃게 하여라."
"나를 울게 하여라."
"내 마음을 차지하여라."

시선은
세상의 아름다움 위에
지친 베일을 걷어 올린다

어린 낙엽

어느 날 헌책을 뒤적인다
널따란 길, 하늘과 바람, 커다란 나무 하나……

바람은 뜨거운 세상을 몰아내고
어른스럽게 불어와
나무 가슴 속까지 쓸쓸히 만들고

아직은 혈색이 노랗게 남아있어
나는 아직 어리다며
온몸을 흔들고 앙탈하는
수많은 잎들이 동시에
바람을 밀어낸다

하지만
해가 다시 뜨기 전
하나 둘 바람에 업혀 잠이 들겠지
눈에 납땜수술 받은 채
죽음을 거부하다 결국 잠드는
사람처럼

아주 오랜 후
봄비에 축축이 젖은 그때
그 자리에 부활하겠지
존재의 의미 그것과 같이……
혼을 뺀칠 수 없는 미래 속에서……

구멍

늪 속에서 구멍 하나로 어느 방을 꿈꾼다
서리가 낀 창문 온기와 한기가 맞부딪혀
앙탈 부릴 때 심장보다 뜨거운 노란 주전자는
낡은 난로를 의지하며 심호흡하고
퀘퀘한 냄새가 어린아이의 땀 냄새 허리 굽은 할머니
손바닥에서 나는 냄새와 같다
그 공기의 자유가 생명을 부르며 외로워하는데
어느 한 사람 그 곳에서 신나하지 않는구나
사람의 낭만적인 비탄마저도 포근히 감싸줄 것 같은
그 곳
어리석고 둔한 나무는 군데군데 닳아있고
천장은 밑바닥 나무를 바라보며 조금씩 갈라져 간다
본래 무슨 색이었는지 모를 커튼 그것은 자다가
오줌 싼 아이의 속 옷 색과도 같고 누렇게 지쳐
보이는 어느 눈동자의 흰자위 색과도 같다
어울리지 않게 붙어있는 우아한 레이스에
새벽 찬바람이 들어온다
해가 떠오르면 구멍으로 들어오는 빛이
고독한 광기의 세계가 되어 파티를 열고
달이 떠오르면 가슴 속에 슬픔이 자유로운 방 안

한기와 온기는 미묘한 두께를 사이에 둘 뿐
그 온기 속 나무의자에 앉아 투명하고 날카로운
그림을 그리고 싶은 나는 그 곳에 있지 못하고
이 어지러운 늪에 빠져있으니
심장은 정신없이 뛸밖에……
김이 서린 그 창문은 하얗고 뿌옇기만 하다
손가락 하나로 구멍을 내면 그 냄새가 여기에 까지
풍겨와 이 늪에서 나를 소멸할 텐데……
보글보글 따스한 김이 서리는 공간 창조가 잉태되는
비린내 목구멍이 데일만큼 뜨거운 노란 주전자
따스한 평온이 깃들고 바람보다 깊은 자유가
홀로 왈츠를 추며 심장 고동소리 천천히 들리는
  방 안
이 늪은 어 지 럽 다

겨울 오후

겨울 오후
어두운 방 안
채광창 아래
낡은 가구 위로
눈 그림자가 흩뿌려진다
햇살은
내리는 눈을 쫓아 삼키고 있다

생명을 잃을 때

저기 벽에 기대어 총이 서있다
가까이 다가가면
이미 뜨거워진 빛이 위험하다고
다급히 세상에 알린다
하지만 알아차리는 이 없으니
손은 떨고 있을밖에……
나를 용서할 수 없는 내 눈동자는
배회하며 질문한다
"살아있는 것이 무엇이냐……"
단단한 리본으로 포장된 대답은
떠밀려오는가 싶으면
다시 바다 속으로 내려간다

닿을 곳 없어 항해하는 배는
노 없는 장님이니
뼈라도 하나 뜯어 저어야 하며
멈출 자유 또한 없어라
데일 듯 뜨거운 햇살에 숲속을 헤메이는데
차디찬 이슬 한 모금은 달지도 않고,
흐릿하게 뛰어다니는 산짐승만이 숨 쉰다

귓가에 누군가의 총성이 울릴 때
장전된 총은 언제나 저 벽에 서있다
우리는 죽음이 두려운 것이 아니라
암흑이 두려운 것이니
거칠고 험한 파도 속에서만
심장을 겨누리
그러면 닿을 곳 없던 배가
그 위험한 빛을 알아차리고
생명이 있는 그대에게 향할 것이니
결국 성난 불길을 마르게 하여
날듯이 가벼워 질 것이니……

사방이 죽고 싶을 만큼 어두울 때
필요하다면 가슴 구멍 좌절의 바람
숭숭 불게 하리
다음날 눈을 떠 밥을 먹으면
장전된 총 대신
나를 용서하는 작은 새 한 마리
지저귈 것이니……

흐린 날

구름 밑이
검은 회색이다
산들은 가쁜 숨을 쉰다
세상이 젖어든다
천천히
땅이
바다표범 등처럼 되고 있다
우리를 태우고 떠날 것처럼

순수의 시

날이 밝으면,
큰 파도가 짠기만 남기고 빠져나가듯
지난 밤 수세기의 공포는 물러간다.
한발을 떼면 다른 발도 따라 떼야하는
걸음마 아기의 본능이
흰머리 될 때까지 진드기처럼 따라오는
비겁한 욕심들
그래도 비가 내리면 저마다 시를 쓰는 곳에
지렁이들이 몰려든다.
빗물에 물든 창가에 앉아 아무리 먹먹한 하늘을
올려다보아도,
지렁이들은 발밑에 우글거려 사색을 방해한다.

날이 지면,
다시 기다렸다는 듯 절망을 광고하는 가녀린 영혼들,
검은 언덕에 내몰려진다.
빗줄기가 굵어질수록 오늘은 잠에 들지 못한 채,
뇌가 저려 질듯 한 짜디짠 파도에 휩쓸려버린다.
온몸을 떨며 동지를 마주한 채 눈썹을 찡그리고
술 한 잔 입에 털어 넣어도 아랑곳 하지도 않는
거대한 빗줄기
조금도 동정하지 않는 세상의 눈빛

그럴 때는,
시를 쓰라.
눈부신 날 높은 빌딩들처럼 으스대며
세련 되 보이는 유한한 시 말고,
소나기 속에 짐 잔뜩 지고 제 몸보다 더 검어진 길을
기어가는 한 마리 개미의 열성과 같은 무한한
그냥 시를 쓰라.
재즈 중에서조차 가장 순수한 재즈를 연주하라.

늙음에 대하여

젊음이 있을 때,
심장은 따끈한 솜털처럼 부드러웠지
하지만, 해가 지면 질수록
밤 껍질처럼 딱딱해져 말라가는 심장
삐걱거리는 녹슨 펌프와 같은 열정

그 대신
우물 밑바닥처럼 촉촉이 젖어가는 눈가
적포도주보다 깊어지는 눈빛,
깊은 역사 냄새 나는 우물 밑바닥,
나는 쓸쓸하다 작게 외쳐보는
우물 밑바닥의 서러운 희망,
대추씨처럼 말라붙어 굳어있는 설레임,
솜털보다 부드러워진 욕망에
노년의 침전물은 아름답다
굴뚝에선 성숙한 우아함이 넘친다
정숙한 귀부인의 모자에 달린 새털처럼
해가 지면 질수록

절망을 이기는 여행

하늘 속 하얀 꼬리 달고 사라지는 비행기처럼
하루에도 몇 번씩 하얀 표정으로
알지도 본적도 없는 곳을 여행하지

땀 흘리는 아이들의 흙 묻은 손바닥을 지나
하늘을 열심히 올려다보는 해바라기의 본능을 지나
꿈을 찾아 호흡하는 새의 차가운 날개를 지나
흘러가는 구름의 푸석한 팔꿈치를 만지고
병자가 누워있는 슬픈 가족의 누런 담요를 지나
자존심까지 벗어던진 사람의 욕정을 달래고
전봇대에 징그럽게 붙어있는 우둘투둘한 종이들에
잠시 기대어 쉬다가,
급소가 찔린 파도의 끝없는 방황에 휩쓸리다가
맑은 산 속을 뛰는 다람쥐의 작은 폐를 지나
지구 반대편 쯤 이름 없는 불모지의 먼지가 되어

별이 좋은 어느 날
머리 위가 뜨거워지면,
어느 암흑의 밤
빈 와인 잔을 통해,
이름 모를 원을 그리기도 하지

넓은 세상의 신음을 버릴 수 없기에
절망을 앉은 자세로 허락할 수는 없기에

딸의 노래

엄마,
당신은 별똥별이 떨어질 때
무슨 생각을 하나요
엄마,
당신은 문득 해가 지면
기차를 타고 싶지 않나요
엄마,
당신의 가슴 속엔
어떤 빛깔의 서글픔이 있나요
엄마,
이 세상의 진실은
어디에 숨어있나요
엄마,
나는 당신의 품 속 그 땅에 살고 싶어요
왜 이리도 철없는 나를
이 검은 숲속에 숨 쉬게 했나요

내 엄마, 나와 같은 여인이여,
가을꽃처럼 아름답고
하늘처럼 드높은 여인이여,
만약 하늘이 당신을 부르면

노을에 배를 띄어
당신을 태우고 달아날 거예요
철없는 내게 모두 주는 여인이여,
사랑하는 내 여인이여
하늘조차 결코 당신을
데려가지 못 할 거예요

물 한 방울

우산 없이 비가 갠 시간
어깨 뒤에 꽂힌 푸른 화살들
불현듯 몽롱하게
다른 세계에서 길을 걷다가
어느 가게 처마 끝 물 한 방울
정수리에 맞았다
"망치에 맞은 못처럼 말이야"

지구에 모든 눈빛은
위에서 아래로
거세게 추락한다
바쁜 사람들
퇴근길에
바다가 될 물 한 방울
아스팔트위에 꽂힌다
이상한 지구가
흔들린다

시간이 흐르다

1초가 간다
죽어간다
1시간이 간다
죽어간다
하루가 간다
죽어간다

걸으면 걸을수록
땅은 계속 물러가고
하늘은 계속 따라오니

고독은 사람의 질서라서

죽어가는 튤립 한 송이처럼
벼랑 끝에 균형을 잃은
저 사람들도
흔들흔들
살 아 간 다
'삶은 나를 배반하지 않을 거야'
하며……

한 신사

늦은 밤, 빈 사무실

검정 양복을 입은
어깨가 쳐진 신사
마른 볏짚처럼
벽에 기대어 서서
텅 빈 눈으로
둘러본다

정수기에 물주머니가
올라온다
꺼르르륵

사무실 불이 꺼진다
텅 빈 눈으로

슬픈 관

흐린 날
무거운 관 하나
위로 아래로
함부로 다루어진다
머리가 왔다 갔다

무거운 관 하나
얼굴이 검게 변한 운구자들
냉정한 심부름꾼처럼
쿵! 쿵! 쿵!
엉덩이가 왔다 갔다

벼락 한 줄기
허망한 고목을 때린 후
하늘이 열리는 소리
우루루루 쾅!

축축한 지렁이 하나
흙 속에서
큰 동굴을 기다리며
지켜본다

왔다 갔다 한 인생 하나
아래로 아래로
난파된다